图解运动入门系列

图解

杨 奇 等编著

游泳入门

化学工业出版社

·北京·

编著者名单：

杨　奇　黄萍婷　姚文溢　张　赓

技术演示：

杨　奇　王　梓　陈循颜　崔紫芊　刘嫣然　及天一

图书在版编目（CIP）数据

图解游泳入门 / 杨奇等编著. —北京：化学工业出
版社，2018.4（2024.1重印）
图解运动入门系列
ISBN 978-7-122-28937-7

Ⅰ.①图…　Ⅱ.①杨…　Ⅲ.①游泳-图解
Ⅳ.①G861.1-64

中国版本图书馆CIP数据核字（2017）第013943号

责任编辑：史　懿　　　　　　　　装帧设计：刘丽华
责任校对：王素芹

出版发行：化学工业出版社（北京市东城区青年湖南街13号　邮政编码100011）
印　　装：北京瑞禾彩色印刷有限公司
710mm×1000mm 1/16　印张8　字数150千字　2024年1月北京第1版第2次印刷

购书咨询：010-64518888　　　　　售后服务：010-64518899
网　　址：http：// www.cip.com.cn
凡购买本书，如有缺损质量问题，本社销售中心负责调换。

定　价：58.00元　　　　　　　　　　　版权所有　违者必究

前言

FOREWORD

游泳既是一项体育运动，又是人类的一种生存技能。随着社会的不断发展，游泳的功能得到进一步的扩展，逐渐成为集健身、娱乐、休闲、竞赛、实用、挑战极限于一身的运动，不仅能促进身体健康，还能提高人们的心理健康水平和社会适应能力，成为一项老少皆宜的体育运动。

本书通过大量的图片示范，详细讲解蛙泳、自由泳、仰泳、蝶泳4种标准竞赛泳姿，以及踩水和反蛙泳2种实用泳姿的技术动作，通过身体姿势、腿部动作、换气、整体动作配合来分步讲解各种泳姿的练习方法，指出常见错误动作并加以纠正。为方便读者学习，在学习游泳的不同阶段，安排了视频演示，十分适合初学者阅读。

本书的出版得到了王鸣捷、宋立欣、石磊、李涛、潘石磊、赵秋玲、王莉、刘小平、钱皓、陈恒、沈永忠等亲友的支持，在此表示感谢。

目录
CONTENTS

第三章　竞技游泳

第四章　出发转身技术

第五章　实用游泳

第六章　游泳运动的知识扩展

第一章

游泳运动的概况

一、游泳运动的起源

在远古时期，居住在江河湖海沿岸的原始人类为了生存，在捕捉水鸟和鱼类作为食物的过程中，通过观察和模仿鱼类、青蛙等动物在水中游动的动作，而逐渐掌握了游泳的基本技术。后来，由于战争频发，各国利用水或士兵泅水作为战争的攻防手段，游泳逐渐在军队中占有了重要的地位。游泳运动是在人与大自然的长期斗争中产生的，在漫长的劳动和社会生活中得到发展。直到今天，游泳已成为深受大众喜爱的体育健身运动。

在古代波斯的军事训练中，游泳是属于强迫实施的项目。古希腊关于水中活动的资料也很详尽，不少古希腊的文物与作品中，都有许多与游泳有关的实物与记述。查阅史料，在希腊索伦的法律中，就曾规定儿童须学习希腊文与游泳。在罗马青年的训练项目中，其中一项就是游泳。

在我国，有文字记载的游泳活动始于春秋时期。中国古代的游泳可概括为三种形式，即：涉——在浅水中行走，浮——在水中漂浮，没——在水下潜泳。劳动人民在长期的社会实践中，创造和发展了不少泅水方法和游泳技术，如狗爬式、寒鸭浮水、扎猛子（潜水）、大爬式、扁担浮（踩水）等，至今仍在民间流传。从古代大禹治水到各朝代水师设立，可以推断，各时期的水中活动技能都已经达到了一定的水准。近代海军训练开设了游泳课程，黄埔军校的资料里也记载了游泳科目。鸦片战争以后，欧美体育运动逐渐进入我国，竞技游泳在城市中开始广泛流行。

在当代，随着生产力的发展，人们生活质量的提高，游泳又与娱乐健身紧密地联系在一起，这也是游泳运动能在我国得到快速发展的又一个重要原因。

二、世界近代竞技游泳运动的发展

近代游泳始于英国，17世纪60年代流行于约克郡地区。19世纪初，竞技游泳首先在欧美工业发达的国家中兴起。1828年，英国在利物浦乔治码头修建了世界上第一个室内游泳池。1837年，英国成立了世界上第一个游泳协会，并在人工泳池中举行了正规的游泳比赛。

1896年，希腊雅典第1届现代奥运会的举办，是体育界中一件标志性事件。法国著名教育家皮埃尔·德·顾拜旦于1888年提出恢复奥林匹克运动会，1896年，在希腊举办的第1届奥林匹克运动会就设立了男子游泳比赛项目。在1908年的伦敦第4届奥运会上，成立了国际业余游泳联合会，并审定了当时的世界纪录，制定了国际游泳规则，规定比赛距离单位统一用"米"。在1912年的第5届奥运会上，女子游泳首次被列为奥运会参赛项目。虽然只有两项女子项目，但这却标志着女子游泳项目正式列入奥运会参赛项目名单中。

在1952年的第15届奥运会上，国际泳联决定把蛙泳和蝶泳分为两个比赛项目。从此，竞技游泳发展成了四种泳式。随着技术的发展，游泳规则进行了多次修改，比赛项目逐渐细化，游泳比赛项目达到了32项，成为仅次于田径运动的奥运会金牌大项。

现代竞技游泳姿势分为自由泳、蝶泳、仰泳、蛙泳，比赛项目按不同泳姿（包括混合泳）、距离、个人项目和集体接力项目分类。由于项目较多，所以游泳历来是世界大型综合运动会中的金牌大户。

三、游泳运动的分类

在现代奥运会游泳比赛和世界游泳锦标赛中，比赛项目有游泳、跳水、水球和花样游泳 4 个大项。随着各运动项目的发展，游泳、跳水、水球和花样游泳四大类项目都各自发展成为独立的竞赛项目，并有各自的理论方法体系。

根据目的和功能来分，游泳运动可分为竞技游泳、实用游泳、大众游泳三类。

1. 竞技游泳

竞技游泳是指有特定技术要求，按游泳竞赛规则规定进行竞赛的游泳运动项目。目前竞技游泳分为游泳池比赛和公开水域比赛两大类。

（1）游泳池比赛 ◄◄◄

在游泳池比赛的竞技游泳包括自由泳、仰泳、蛙泳、蝶泳 4 种泳式和由这 4 种泳式组成的个人混合泳以及接力比赛。通常有以下一些常见项目，见表 1-1。

表 1-1　常见游泳项目

泳式	比赛距离 / 米		备注
	50 米池	25 米池	
自由泳	50、100、200、400、800、1500	50、100、200、400、800、1500	①男、女项目相同 ②奥运会游泳比赛在 50 米池进行，男子不设 800 米自由泳，女子不设 1500 米自由泳。男女都不设 50 米仰泳、蛙泳和蝶泳项目
仰泳	50、100、200	50、100、200	
蛙泳	50、100、200	50、100、200	
蝶泳	50、100、200	50、100、200	
个人混合泳	200、400	100、200、400	
自由泳接力	4×100、4×200	4×50、4×100、4×200	
混合泳接力	4×100	4×50、4×100	

（2）公开水域比赛 ◄◄◄

公开水域比赛，是指在江、河、湖、海这些自然水域进行的游泳比赛，包括公开水域长距离比赛、游渡海峡比赛和横渡江河比赛。这类比赛各有特定的规则要求，但没有严格的游泳泳式要求，运动员多数采用自由泳参赛。

游渡海峡活动历史悠久，1810年著名诗人拜伦横渡了赫勒斯湾海峡，揭开了近代横渡海峡史的篇章，随后世界上许多海峡都被人类所征服。北京体育大学教师张健于2000年8月，以50小时22分钟游了123.58公里，成功横渡了渤海海峡，成为世界上第一个游渡渤海海峡的人。

2. 实用游泳

实用游泳是指直接为生产、军事、生活服务的游泳活动，包括踩水、侧泳、反蛙泳、潜泳、水上救护、着装泅渡等非竞技游泳。竞技游泳虽不包括在实用游泳技术中，但在泅渡、水上救护、运物和在水上做积极性休息时，常采用蛙泳、仰泳。在快速救护时，常用自由泳。

3. 大众游泳

大众游泳项目以健身、实用、娱乐为目的，由于它不追求严格的技术和速度，形式简便、多样，已越来越被人们所重视，发展相当迅速。国家体育总局推出的"全民游泳锻炼等级标准"和举办的成人分龄游泳赛，既属于大众游泳发展的范畴，也是促进大众游泳发展的有效措施。

四、世界重大游泳赛事

1. 奥运会游泳比赛

游泳项目于1896年进入现代奥运会，每4年举行一次。参加奥运会的各协会必须是由国际奥委会认可的，并且各协会派参赛运动员须参加由国际泳联及国际奥委会举行的资格赛并获得资格。在单项比赛中，参赛资格分为 A、B 两个标准；每个国家最多可以派 2 名达到奥运 A 标成绩的选手参加，如只达到 B 标，则只能派 1 名运动员比赛。每个国家只能派出一支队伍参加接力比赛；如参赛的国家无人达奥运会 A 标或 B 标，可按参赛资格说明，男、女各 1 名运动员参赛。

2. 亚运会游泳比赛

游泳从 1951 年第一届亚运会开始，就是正式的比赛项目。亚运会每 4 年举行一次，与奥运会相间举行。

3. 世界游泳锦标赛

国际泳联主办的世界性游泳比赛，是世界范围内规模最大，水平最高的比赛项目之一。国际泳联认为每 4 年一次的奥运会游泳比赛的时间相隔太长，不适应游泳运动迅速发展的需要。为更广泛地开展世界性游泳运动，挖掘运动员的运动潜力，建议在两届奥运会之间，增添世界游泳锦标赛。

4. 世界杯短池系列赛与世界短池游泳锦标赛

世界短池游泳锦标赛是继世界游泳锦标赛之后国际泳联举办的又一项游泳大赛。20 世纪 80 年代，越来越多的国家意识到建设短池既经济又实用，短池比赛对训练运动员出发与转身技术、培养速度感具有独特优势，为此，国际泳联先举办了世界杯短池系列赛。90 年代以后，世界杯短池系列赛开始设立各项目的总冠军，分设 6~7 站依次举行，每站比赛两天，每年举行一次，分别安排在亚洲、欧洲不同城市进行。共设 34 个比赛项目，增设 4 种姿势的 50 米比赛和 100 米个人混合泳，不设接力赛。

但从某种意义上讲，系列赛总冠军需要参加满一定站次的比赛，而运动员在年底都会进入调整期，所以总冠军并不一定具有真正的世界冠军分量。从1993年起增加了世界短池游泳锦标赛，每2年举行一次。

5. 泛太平洋游泳锦标赛

泛太平洋游泳锦标赛是由泛太平洋泳联总会主办的泛太平洋性游泳赛事，1985年起开始举行，每4年举行一届。之后曾改为每2年举行一届，从2002年开始恢复每4年举行一届。

6. 国内的几大重要赛事

（1）全国运动会 ◀◀◀

由国家体育总局主办，以各省、市、自治区、解放军和产业体协等为竞赛单位。运动员必须通过先期全国游泳冠军赛、全国游泳达标赛才有资格参加全国运动会。

（2）全国游泳冠军赛 ◀◀◀

每年上半年最重要的比赛，安排在4月上旬，固定日程，竞赛日程与奥运会相同。该比赛有中国泳协颁布的报名标准，运动员只要在自上一年的全国游泳锦标赛至当年全国游泳冠军赛之前达到其中一项标准即可。

（3）全国游泳锦标赛 ◀◀◀

每年下半年最重要的比赛，安排在9月上旬。竞赛项目比全国游泳冠军赛多，包括了设有全国纪录的项目。在全国游泳冠军赛、达标赛以及国家体育总局组织的比赛中达到报名标准的运动员都可以参加。

五、游泳运动与身体健康

游泳运动不仅可以提高我们的身体健康水平，还可以丰富大家的精神文化生活，是集休闲、娱乐和健身于一体的良好锻炼方式。参加游泳锻炼的价值主要有以下几种：

锻炼身体协调性　游泳是一项全身运动，两臂划水的同时，两腿在打水或蹬水，使全身的肌肉群都协调且有节奏地运动起来，可有效地促进身体运动协调性。

改善呼吸系统　经常参加游泳运动可以增强呼吸系统的机能。安静时的呼吸深而慢，每次呼吸后有较长的休息时间，呼吸肌不易疲劳。

增强心血管系统机能　经常游泳的人，心脏会出现明显的运动性增大现象，心脏收缩强而有力，每搏输出量增多，安静时心率减慢。游泳还可以增强血管壁的弹性。

促进体格匀称发展　游泳是一种全身运动，经常参加游泳锻炼，不仅能使人体颈、肩、脊柱、髋、膝、踝各关节及全身肌肉都得到锻炼，而且有利于矫正和改善身体姿势，使人体匀称协调发展，形成健美的体形。游泳时，人的新陈代谢速度加快，30分钟就可以消耗1100千焦的热量，而且在出水后还能保持一段时间，所以，游泳是一项非常理想的减肥运动。

培养良好的心理品质　游泳是在水中这种特殊的环境中进行的，要克服怕水心理，尽快熟悉水性。青少年练习游泳可以培养他们自信、勇敢、坚强的优秀品质。具有水上救生技能者，可以培养他们临危不惧，在遇到险情或其他人溺水时，舍己救人的精神。

六、游泳运动的场地标准

游泳运动的场地可以分为自然游泳场地和人工建造游泳场地。人工建造的游泳场地又可以分为室内的和室外的、标准比赛池和休闲游泳池。

国际标准游泳池长50米，宽至少21米，水深不小于1.8米。设8条泳道，每条泳道宽2.50米，第1和第8泳道的外侧分道线距离池壁不小于0.5

米。出发台表面不小于 0.5 米 X0.5 米，必须安装出发犯规控制装置。水温应为 25~28℃，室内空间温度应高于水温 2℃。馆内空间湿度应不大于 70%。国际大型正式比赛的游泳池都需安装自动计时装置。

七、游泳运动的环境条件

游泳是一项在水中进行的运动，这与我们日常的活动有许多不同，我们通过学习了解这些差别，才能更好地适应水中环境。

1. 水温与气温的差别

在水中运动，身体对水温的敏感度相比在陆地上要强烈许多，人们在游泳时，身体消耗的热量也较大。一般情况下，游泳训练和比赛的标准水温为 26~27℃，对于儿童而言，水温在 28~30℃为宜。人体如果静止在水中不运动，且水温又低于 28℃，就易感到寒冷；水温若低于 23℃，人体就容易抽筋（肌肉痉挛）。相反，若水温过高，超过 28℃，且人们在水中运动太长时间，身体也会因为温度过高而感到难受。

2. 仰卧与直立的差别

在陆地上运动时，我们的身体大多以直立的形式进行活动，要在克服地心引力和空气阻力下完成各项动作。但是，当人们进入水中时，为了克服水对身体的阻力，人们大多以俯卧或仰卧的姿势运动。身体姿势的改变，很容易让初学者感到惊慌，所以人们需要在正式开始学习游泳动作前，先熟悉水性。

3. 空气与水阻力的差别

在水中运动时，人们能够明显感受到水的阻力远大于我们在陆地上所对抗的空气阻力。在泳池里，水的阻力比空气阻力大 800 倍，因为受到水对身体的作用力，人们常会感到身体呼吸和运动不畅，水中运动速度也明显慢于陆地运动速度。相关实验证明：通常人们的肺活量为 3200 毫升，呼吸差为 6~8 厘米；而游泳运动员肺活量可达到 4000~6000 毫升，呼吸差为 12~15 厘米。所以，经常参加游泳运动的人，他们安静时的呼吸深而慢，心率可以低至每分钟 40~50 次。

八、游泳运动的力学原理

1. 水中的压力

水的密度是 1 克 / 立方厘米。密度大于 1 克 / 立方厘米的物体在水中会下沉，叫作沉体；密度小于 1 克 / 立方厘米的物体在水中会上浮，叫作浮体。

人体的平均密度为 0.96~1.05 克 / 立方厘米，接近于水的密度，当充分吸气后，胸腔扩大，密度相对减小，为 0.96~0.99 克 / 立方厘米，身体就会漂浮在水面上；当充分呼气后，胸腔缩小，密度相对增大，为 1.02~1.05 克 / 立方厘米，身体就会下沉。可见，呼吸是影响人体在水中浮沉的重要因素。此外，浮沉还与人的性别、年龄和生长发育程度有关。

身体在水中的漂浮程度对学习游泳的影响是很大的。浮力好，身体位置高，不但有利于完成呼吸和空中移臂动作，而且能减少身体在水中的横截面积，减少迎面阻力。

2. 水中的重力与浮力

人体在水中静止时，会受到竖直方向上两个力的作用，即浮力和重力。浮力是水施加于身体的力，方向向上。重力是人受地球引力作用而产生的力，方向垂直向下。人体平卧在水中时，所受浮力的合力作用点称为浮心，它位于人体排开那一部分水的几何中心。人体所受重力的作用点称为重心。

人体在水中要达到稳定的静力平衡必须是重力与浮力大小相等，重心与浮心处在同一条直线上。为此，应适当调整人体在水中的姿势，以达到稳定平衡。当采用展体平卧姿势时，由于下肢密度大于躯干密度，重心在骨盆的中央，而浮心则偏前，在腹部中间。重心和浮心不在同一条直线上，因此下肢会下沉，身体倾斜，不能达到稳定的静力平衡。

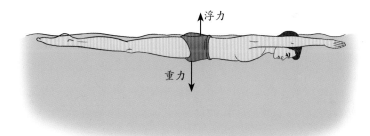

3. 水的阻力

游泳时人体要受到一个与运动方向相反，阻碍身体前进的力，这就是阻力。水的密度约为空气密度的 800 倍，因此在水中运动受到的阻力是相当大的。根据水的阻力形成原理可知，游泳时，受到的阻力主要有摩擦阻力、压差阻力和波浪阻力。

第二章

运动前的预热准备

一、游泳前的柔韧性练习

　　柔韧，是对于肌体肌肉组织的韧带组织和肌肉纤维组织的运动性质而言的，肌肉组织拉伸的幅度越大，其柔韧性越好，可以使得关节结构的活动范围更广，幅度更大，增强了肌体的灵活性。

　　运动时，人体肌肉组织的拉伸既要柔又要韧，"柔中见韧，韧中有柔"，才有可能提高肢体运动范围和幅度，使我们的泳姿看上去更为规范、流畅、完美，使得游进效率更高，游速更快。

1. 肩部关节柔韧性练习

（1）压肩 ◀◀◀

　　压肩方式有多种，大多数压肩动作都跟我们体育课上学的一样，一般就是扶墙压肩练习、双人压肩练习。

（2）转肩 ◀◀◀

转肩动作是最基本的热身活动之一，双膝半蹲，可先进行单臂转肩环绕，再进行双臂同时转肩环绕。

（3）抓毛巾转肩 ◀◀◀

这是升级版的转肩动作，也是运动员的常用训练方法之一。双手抓住一条毛巾水平放于胸前，拉直，双手的位置根据实际情况进行调整，然后抓住毛巾向身体后方翻转。翻转的过程中，双手必须同时抓紧毛巾，加大这个动作的难度就是逐步缩小双手间的距离。初学者练习时要调整双手握毛巾的距离，不然很可能拉伤韧带。

2. 踝关节柔韧性练习

（1）绕踝关节 ◀◀◀

立脚尖，以脚趾为中心点，缓慢地绕脚踝，在绕到侧面时，即小脚趾接触地面时，有意识地向下压。

（2）屈体压腿 ◀◀◀

双脚分开与肩同宽，屈体用手触摸地面，膝盖不能弯曲。主要拉伸腿后部韧带和肌肉。

（3）跪压踝 ◀◀◀

跪于垫上，脚尖绷直，臀部坐在足跟上压踝。

（4）跪撑翻脚压踝 ◄◄◄

跪在垫上，两脚外翻，脚充分背屈，以小腿和脚的内侧贴地，两手在体后撑地，身体上下振动压踝。

二、熟悉水性的练习

熟悉水性是学习游泳的第一步，是让人们在学习四种竞技游泳技术之前对游泳场地进行适应的过程。

熟悉水性的主要任务包括：学习呼吸换气、漂浮、滑行和站立的方法，通过练习，初学者能够在平直的水中漂浮滑行 3~5 米，连续地多次换气。

1. 安全进出泳池——掌握安全进入游泳池的方法

① 梯子入池。从扶梯进入水中，背对泳池入水，缓慢地一步一个台阶下水。

② 池边转身。坐在游泳池边，转动身体成俯卧状，使下半身下滑至水中，直到双脚接触到池底。在下水过程中，双手要一直扶着池边。

③ 斜坡入池。选择较浅的水域进行，慢慢走入，身体保持平稳。

2. 水中移动——体会水中的阻力，在水中能平稳移动

① 双手扶着水池边，沿着池壁来回移动。

② 一手扶着池壁，身体进行前进、后退的移动。

③ 踮着脚尖走。

④ 离开池边，用双手划水移动身体（双手在水中向后拨水则身体向前移动，双手向前拨水则身体后退移动）。

⑤ 在水中进行行走、跑步、跳跃的活动。

3. 安全上岸

① **梯子上岸**。从池边扶梯出水，上岸时小心避免磕碰。

② **池边上岸**。双手用力撑地，同时单脚跨上池边爬到岸上。

③ **斜坡上岸**。

4. 呼吸练习

在陆地上，人们平时的呼吸动作是用鼻子进行无意识的吸进呼出。但游泳时的呼吸换气方法则不同，是口吸口呼，或者口吸由口、鼻呼出。

水中的呼吸动作是由吸气—闭气—吐气组成的。当口露出水面时，快速吐气后再吸气，换气后低头稍闭气，然后在水中慢慢吐气。

（1）陆上练习 ◀◀◀

① 进行站立闭气练习，学习闭气的方法。

② 进行站立换气练习，学习换气的方法。

③ 进行扶墙换气练习，学习正确的水中换气动作。

（2）浸水呼吸练习 ◀◀◀

游泳初学者可以采用浸水和呼吸的配合练习方法，它们是浮体和滑行练习的基础，但应注意循序渐进。游泳的呼吸方式与日常生活中不同，初学时可采用捏鼻或带鼻夹强制用口吸气的方法。

① **水中闭气练习**。双手扶池边（池槽）或拉同伴的手，在浅水区做水中闭气练习：用口吸气后，慢慢下蹲把头完全浸入水中，停留片刻后站起。水中闭气时间由短到长逐步延长。

② **水中呼气练习**。同上，做水中呼吸练习：把头浸入水中停留片刻后，在水中用鼻慢慢地呼气，当呼气快结束时，将头抬出水面，用口快而深地吸气。

③ **吸、闭、呼练习。**初学者吸气后头浸入水中，稍闭气后立即用口、鼻同时呼气，在口接近水面时用力把气吐完并立即用口在水面上吸气；连续多次做有节奏的吸气、闭气、呼气动作。

④ **连贯换气练习。**初学者在水池中，两脚原地开立，按以上练习，独立完成连续吸气、闭气、呼气的动作，次数由少到多。注意：随着头逐渐向前上抬，试着加大呼气量。

5. 浮体、站立练习

做浮体练习前，必须先学会站立，以确保安全。做浮体练习时，要充分吸气以增大浮力。

（1）抱膝浮体 ◀◀◀

在浅水区，原地站立，深吸气后低头下蹲，抱膝团身，使身体自然漂浮于水中。站立时，两臂前伸向下按压水并抬头，两腿伸直，脚触池底站立，两臂自然放于体侧维持平衡。

（2）展体浮体练习 ◄◄◄

两脚开立，两臂放松往前伸，深吸气后身体前倒并低头，两脚蹬离池底，两臂、两腿自然伸直，整个身体成俯卧姿势漂浮于水中。恢复站立的方法同上。

6. 水中滑行练习

要掌握好滑行技术，应多进行推拉滑行练习以增长滑行距离，并采用蹬边滑行和赛远游戏等练习方法，滑行时身体保持适度紧张，适当延长闭气时间。

（1）蹬池底滑行 ◀◀◀

两脚前后开立，两臂前伸，深吸气后上体前倒，当头和肩浸入水中时，前脚掌用力蹬池底，然后两脚并拢，使身体向前滑行。

（2）蹬池壁滑行练习 ◄◄◄

身体背向池壁，一手拉水槽，另一臂前伸，一脚站立，另一脚贴住池壁，臀部靠近池壁，随即两臂向前伸直、并拢，头夹在两臂之间，两脚用力蹬壁呈流线型向前滑行。

（3）互助练习 ◄◄◄

两人一组，练习者先做蹬池底滑行，同伴站在侧后方。当滑行速度减慢时，由同伴抓住练习者的双脚用力向前推。

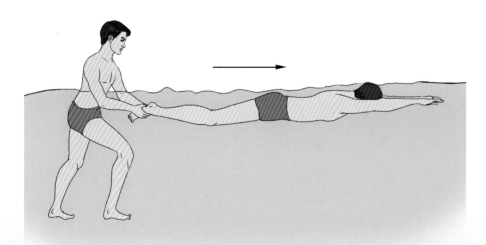

第三章

竞技游泳

一、蛙泳的技术要点和练习方法

蛙泳是公开水域教学中的首选姿势，适合初学者进行较长距离的游泳练习，有利于游泳者在水域游泳时保障个人安全。蛙泳的学习内容主要分为以下几部分：蛙泳腿、划手、手腿呼吸三者的配合等。

1. 身体姿势

游泳竞赛规则规定：游蛙泳时，身体应保持俯卧姿势与水面平行，手臂和腿的动作始终是同步且对称的，并在同一水平面上进行。

2. 腿部动作

利用蹬水获得前进的动力，蹬完水之后，两腿和脚尖应自然并拢伸直不动，尽量保持预备向前滑行的水平的身体姿势，为接下来的动作周期做好准备。

（1）收腿 ◄◄◄

在保持滑行姿势的基础上，两膝自然逐渐弯曲下沉，大腿带动小腿，两腿边回收边分开，脚踝向臀部收拢。收腿动作结束后，大腿和躯干成130°~140°角，蹬腿、小腿收紧，小腿与水面保持垂直，两膝分开、内侧与髋同宽。

收腿是为蹬腿做准备，动作速度应慢，力量要小，要尽量减小收腿动作所造成的阻力。

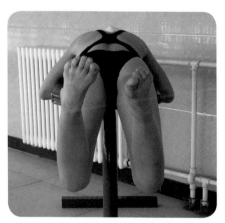

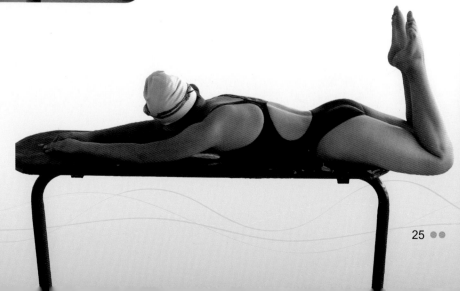

（2）翻脚 ◄◄◄

翻脚动作是在收腿动作即将结束的瞬间开始的，动作幅度小、速度快。当收腿结束时，脚掌已经翻好，收与翻两个动作同时结束。当收腿动作即将结束时，大腿稍内旋，小腿稍外展，即做膝盖内扣、脚掌外翻的动作。保持勾脚尖状态，使脚和小腿内侧对准向后的蹬水方向。此时，小腿和大腿的内侧已形成了最大对水面积，为蹬夹水做好准备。

（3）蹬夹腿 ◄◄◄

当完成翻脚后，紧接着做向后蹬夹腿的动作，蛙泳蹬夹路线较宽，其动作方向是先向后外、再转向后、最后向后内，形成一个弧线形蹬夹路线。

为了保持最佳对水面积和蹬夹效果，蹬夹过程中应尽量保持勾脚尖的翻脚状态，并做加速的腿部蹬夹动作。蹬夹动作结束时，两腿自然并拢伸直，踝关节放松。

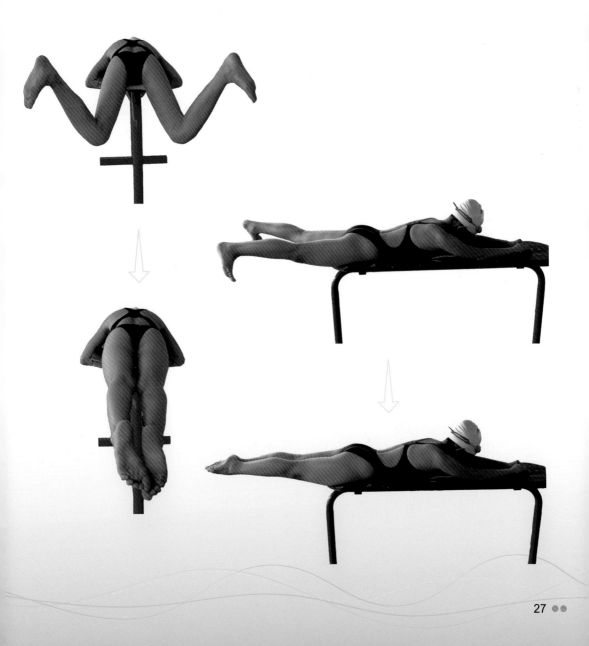

（4）直腿滑行 ◄◄◄

蹬腿结束后，应使腿保持并拢伸直的状态，减少阻力，身体顺着蹬水后的效果向前滑行。

扫一扫，看"蛙泳腿部动作"视频！

练习方法 ▶ Training Methods

① 坐撑蛙泳腿练习

坐在岸边，双手后撑池边，身体后倾，双腿伸直，按收、翻、蹬、夹四个动作练习蛙泳腿部动作。

❶

侧面

正面

侧面

正面

侧面

正面

侧面

正面

⑤

侧面

正面

② **单腿站立蹬腿练习**

自然站立，一腿站立支撑，一腿按收、翻、蹬、夹四个动作做蛙泳腿部技术动作模仿。

① ② ③ ④

③ 俯卧蛙泳腿练习

由指导者托住双脚辅助完成腿部动作，帮助初学者建立收腿后翻脚的感觉。

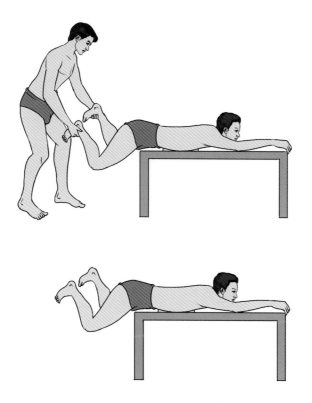

① 平收腿

初学者练习收腿时容易出现小腿收得少，大腿收得多，两腿膝盖间距离宽于肩，仅用脚掌蹬水，蹬水路线短，对水面积小等错误动作。

纠正方法：平时在岸上练习正确的收腿动作，强化规范动作的概念。初学者可以坐在池边，下半身浸入水中，双手后撑，双膝将浮板紧紧夹住，然后练习收小腿。当脚后跟碰到池壁后双脚外展，蹬出一个弧形后，双膝伸直，双脚并拢。这个动作需要重复练习。

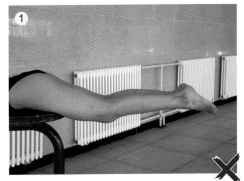

② 收腿时先收小腿

纠正方法：初学者在练习时应两膝自然逐渐弯曲下沉，大腿带动小腿，两腿边回收边分开。

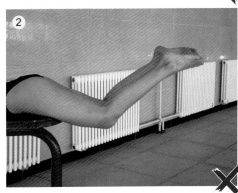

③ 撅臀

收腿时大腿收得太多，太猛，没有收小腿。

纠正方法：初学者应展髋、收小腿，在练习收腿时，应该是小腿朝臀部收缩，而不是膝盖朝腹部收。

④ 绷脚

翻脚是日常生活中勾脚的动作，初学者容易犯的错误是在蹬水的过程中过早地把脚绷起来。

正确动作：正确的翻脚动作是脚尖朝外、脚心朝天，脚跟在臀部两侧附近，近似于英文字母 W。

⑤ 没有进行滑行动作

初学者在完成收、翻、蹬三个腿部动作后，没有继续完成下一个滑行的动作，这样会给下一轮的配合周期埋下隐患。

纠正方法：蹬完腿之后，双腿应并拢伸直，停顿 2~3 秒，当脚下沉时，开始收腿。

3. 手臂动作与换气动作的配合

蛙泳的手臂动作是推进身体前进的重要因素，手臂动作由外划、下划、内划、前伸四个部分紧密组成。

5

（1）外划 ◄◄◄

外划从两臂前伸并拢、掌心向下的划行动作开始。外划时，两臂内旋，两手掌向外斜下方划水，略屈腕，两臂向外横向划动至两手间距离约为两倍肩宽处。

（2）下划 ◄◄◄

手臂在继续外划的同时，前臂稍外旋，肘关节开始弯曲，转腕，使掌心方向朝后下方，以肘关节为轴，手和前臂加速向下、向后划动。肘关节高于手掌和前臂，肘关节屈成大致 130° 角。

（3）内划 ◄◄◄

下划结束后，掌心迅速转向内后方，手臂加速由外向内横向划动，两手掌划至胸前时几乎靠在一起。

（4）前伸 ◄◄◄

当内划接近完成时，两手在继续向内、向上划动的过程中，逐渐转为向上、向前的弧线运动直至颌下。双手向前伸直，肘关节伸直。

（5）划水节奏的控制 ◀◀◀

外划是相对放松的，内划是腰腹用力往前送，加速完成的，手臂要积极向前伸。

扫一扫，看"蛙泳手臂动作"视频！

练习方法 ▶ Training Methods

① 陆地蛙泳划手练习

在陆地上，身体前倾，双脚开立，双手向前伸直。按口令练习：外划抬头吸气；收手低头闭气；双手前伸吐气。

② 俯卧池边蛙泳划手练习

初学者俯卧在池边，头和上肢能浸入水中，池边与腋窝齐平。先练习划手，再加上呼吸进行配合练习。

③ 在水中练习划水呼吸动作

初学者站在浅水中，上体前倾，使肩处在水面下，抬头，嘴在水面上自由呼吸，按照陆上手臂划水动作在水中练习。

开始时，原地做手臂划水的练习，然后做划水加呼吸的练习。等到初学者初步掌握了静态手臂划水动作，再过渡到移动式的划水练习，边向前走动边做手臂动作。每次动作结束，应注意两臂并拢伸直稍停，再重新开始下一次动作。

常见错误及纠正方法 ▷ Error action

① 划水过长

有的初学者在划水时两臂向后划得过多，超过了肩线，划到了腹部甚至是臀部。

纠正方法：练习时，初学者首先要掌握正确的划水动作，在岸上多练习手臂划水动作。手向后划水时不能超过肩部。

② 平划水

初学者划水时没有做出屈肘划水动作，两臂平行摸水，划水效果差。

纠正方法：初学者在水中进行划水练习时，要注意屈肘动作的时机和位置，注意观察手臂外划的动作，确保双手在双肘的外面。

③ 呼吸过晚

双手划到肩部才抬头换气，由于身体没有了支撑，头抬不起来，就没法做到充分呼吸。

纠正方法：对于这个问题，初学者首先要在岸上多练习划手加换气的动作，熟练掌握正确的换气时机和标准的划手姿势。初学者采用早呼吸技术比较好，即手刚外划时就抬头吸气，当嘴露出水面时，用力吐气，吹开嘴边的水换气，收手低头稍闭气，手前伸吐气，如此循环划手换气。

4. 整体动作配合

配合是指划手、蹬夹腿和呼吸的完整动作，蛙泳完整配合技术由呼吸、手臂配合技术和手臂与腿部配合技术组成。在一个完整的配合动作周期中，一般采用1次呼吸、1次划手和1次蹬腿的配合，关键是要掌握好三个动作配合的时机。

(1) 手腿配合 ◀◀◀

对于蛙泳配合动作的学习，有句顺口溜概括得很到位，"划手腿不动，收手再收腿，先伸胳膊后蹬腿，并拢伸直漂一会儿"。从这里可以看出，划手的动作是先于腿的动作，一定要在收手后再收腿，伸手后再蹬腿。

手臂从开始抱水（手臂成拥抱的姿势划水）到划水阶段，腿部保持自然放松状态，并拢呈伸直姿势。手臂进入收手动作阶段时，开始做收腿动作；手臂前伸时，收腿结束并完成翻脚动作；当手臂接近伸直时，开始蹬腿；最后手臂和腿均并拢伸直，身体保持流线型姿势做漂浮滑行。

对初学者来说，掌握好蹬腿后的滑行动作，才能领会到完整的配合技术要领，把握正确的动作节奏。

（2）手、腿、呼吸配合 ◀◀◀

双手向外划水时，抬头换气，双腿并拢伸直；双手向内划水时，收腿低头稍闭气；双手向前伸直过头部时，蹬腿抬头吐气。

（3）整体配合要领 ◀◀◀

内划时，手要用力；手向前伸时，腿用力蹬。在手臂和腿部动作配合的同时，再加上头部与手臂配合完成呼吸，即为完整的配合技术。

扫一扫，看"蛙泳整体配合"视频！

二、自由泳的技术要点和练习方法

自由泳也称爬泳，在四种竞技游泳姿势中速度最快。游自由泳时，身体俯卧在水面上，两臂轮流划水，两腿交替打水。

1. 身体姿势

① 身体自然伸展，平直地俯卧在水中，尽量保持水平，头与身体纵轴基本在一条直线上。

② 身体与水面接近水平，脸朝下，收紧下巴，眼睛看池底，背部和臀部肌肉适度紧张，微挺胸收腹。

③ 游进时，躯干绕着身体纵轴有节奏地左右转动。身体转动与手臂划水动作密切相连，正确的姿势有利于保持身体的稳定，减少前进的阻力。

2. 腿部动作

① 双腿自然伸直，绷脚尖，双脚内扣。

② 以髋关节为轴，大腿发力，带动小腿和脚做上下交替打水。打腿时绷脚，下打用力，上抬放松。自由泳打腿动作的效果与踝关节的灵活性有直接关系。

③ 自由泳两腿交替打水的动作是完全相同的，每一次打腿动作都是由向上打水和向下打水两个动作组成的。

扫一扫，看"自由泳腿部动作"视频！

练习方法 ➤ Training Methods

① 池边坐撑打腿、岸上俯卧打腿练习

坐在地上、池边或凳上，上体稍后仰，两手后撑，大腿尽量离开地面，做两腿上下交替打水动作，打腿时脚尖绷直。

俯卧在凳上或出发台上，模仿爬泳腿部动作。

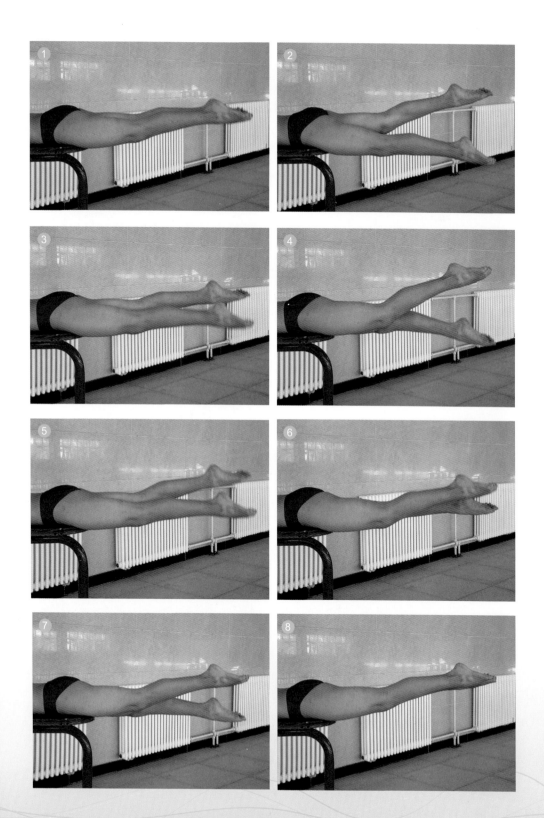

以上两个练习要注意以髋为轴，大腿发力，小腿和脚要放松，两腿自然伸直，踝关节放松，脚尖稍内扣（鞭打式打腿）。

② 俯卧水中扶池边打腿练习

两臂伸直扶池边，腿浸在水中练习打腿动作。随着打腿熟练程度的提高，增加低头闭气打腿的动作练习。

③ 扶板打腿练习

身体俯卧在水中，手臂前伸，双手抓住打水板。抬头，眼睛平视前方，头部保持固定，不要随腿的发力左右摆动。两腿上下交替打水。

④ 蹬池壁滑行后打腿练习

蹬离池壁，滑行减速后即开始打腿。低头，身体保持平直的流线型姿势，两只手臂并拢向前伸、闭气，进行打腿练习。

以上几个水中练习的重点是体会和掌握以髋为轴，大腿发力带动小腿和脚用力的动作。

常见错误及纠正方法 ➤ Error action

① 勾脚打水

勾脚打水将影响人体向前的推进力。

纠正方法：初学者练习时，可以先从陆上打腿练习开始，练习直腿向上打水和直腿向下打水，绷脚尖，使脚尖和腿成一条直线。

② 小腿发力打水

小腿和脚在水面上打水，在向下打水初期，脚只能打到空气，无法得到水对身体的反作用力，身体前进速度慢，不仅会搅得水花四溅，还容易使身体下沉。

纠正方法：初学者练习时，应先了解髋关节发力的动作要领，然后在岸上或池边做直腿打水的练习。待技术动作改进好后，可以利用浮板练习打腿，感受腿部自然弯曲的正确打水动作。

3. 手臂动作与换气动作的配合

自由泳技术中，两臂划水动作是推动身体前进的主要动力。对于初学者来说，自由泳的划手动作可以分为入水、划水、出水和空中移臂这四个环节。

（1）入水 ◄◄◄

手臂入水的位置在身体的中线到肩膀这一区间。手臂在头前，肘部略高，手指先入水，之后依次是前臂、肘关节、上臂、肩。

（2）划水 ◄◄◄

入水后，手臂积极向前伸展，手掌和小臂对准水，在身体的下方逐渐加快划水的速度，向后划水划到大腿。

（3）出水 ◀◀◀

　　向后划水到大腿处出水。划水结束后，借助惯性提肩，带动手臂迅速出水。此时，身体绕纵轴向同侧转动，有利于出水和维持身体平衡。

（4）空中移臂 ◀◀◀

　　手臂出水后，即开始空中移臂。移臂动作应与出水动作协调连贯，整个手臂较为轻松自然，保持肘关节高于手的屈臂姿势由后向前移，然后再入水。

（5）自由泳的两臂配合技术 ◄◄◄

合理的两臂配合技术应保证两臂不停顿地轮流交替划水，使划臂能产生持续的牵引力，保持身体匀速前进。因此，两臂配合时，必须是一臂处在手臂动作周期的准备阶段，另一臂则处在有效动作阶段。

两臂配合主要有三种形式：①前交叉配合；②中交叉配合；③后交叉配合。前交叉配合比较容易掌握，当一臂入水时，另一臂处在前下方，抱水结束阶段，手臂处在与水平面约成30°角的位置。

扫一扫，看"自由泳手臂动作"视频！

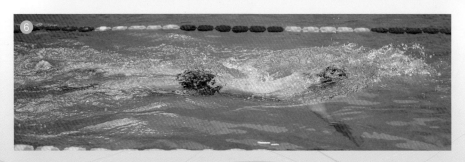

① 单臂技术练习

预备姿势为两脚原地不动，上体前屈，两臂前伸。一手伸直不动，另一手前伸做入水、划水、出水、空中移臂的练习。

划　水

出　水

空中移臂

再次入水

② 单臂加呼吸练习

预备姿势同练习①。练习时初学者面朝地面，边划手边转头慢吐气，单手划至大腿，同时用力吐气，眼睛看着手臂移至肩平处并完成呼吸，头还原成面朝下的初始动作，手做入水动作。

③ 两臂交叉配合技术模仿

预备时，原地站好，上体前倾，两臂前伸。练习时，一手前伸做入水、划水、出水、空中移臂的模仿动作。两臂交叉轮换，练习配合动作。

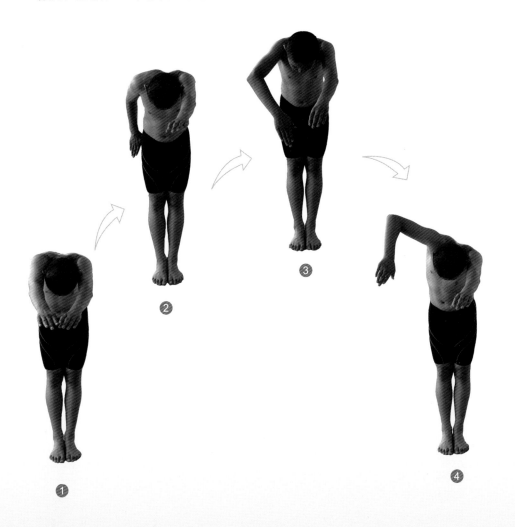

④ 臂与呼吸配合技术练习

准备姿势同练习③。做两只手轮流划水加呼吸的练习。

⑤ 水中站立划水、前进划水练习

站在浅水中，依次进行陆上模仿①～④的练习。

在浅水中，边向前走边做陆上模仿①～④的练习。

练习时，要注意保持肩的高度与水平面一致，上身可以随动作绕身体纵轴转动，但不能上下起伏。

⑥ 池边单臂、双臂技术练习

双手扶池边低头闭气，先打腿，再开始划手。先做不加呼吸的配合练习，再做加呼吸的配合练习。

⑦ 扶板单臂、双臂技术练习

动作要求同池边配合练习一样。双手抓住打水板的下沿，肘关节伸直，肩膀放松。练习时，首先做不停顿的打腿动作，在此基础上做划水动作，注意划水动作要轻松自然、频率稍慢，保证划水效果；其次是呼吸动作要与躯干和肩绕身体纵轴转动相结合，做到手、头、躯干同步转动。

常见错误及纠正方法 ▶ Error action

① 入水点错误

入水过早，使得手臂在水下面前伸的距离加大，前进速度受到影响。

入水点过于靠外，在肩的延长线以外，破坏了身体的流线型。

入水点超过身体中线，使得身体容易左右摇摆，前进阻力增大。

①②均为入水点超过身体中线

纠正方法：练习时，应通过岸上练习来强化入水的正确姿势，可以在岸上或是水中练习单臂划水分解动作。

② 抱水时拖肘或沉肘

初学者由于手臂力量较为薄弱，或是由于急于划水而用力过度或紧张引起抱水时拖肘或沉肘。拖肘抱水的错误动作，容易造成身体上下起伏。

纠正方法：练习时应注意手臂的内旋，要张开腋窝，抱水时注意观察自己的手臂动作。

③ 划水时抬头呼吸

这种动作主要错在身体没有围绕纵轴转动。

纠正方法：练习时，应掌握头随身体转动，搭"顺风车"的时机和方法，吸气时耳朵要贴着肩。

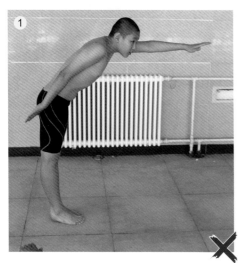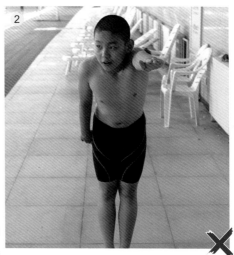

4. 整体动作配合

自由泳的完整配合技术包括呼吸与臂的配合和腿与臂的配合，手臂动作是推进身体前进的主要动力。在完整的配合技术中，呼吸和腿部动作都应服从手臂动作。

（1）呼吸与臂的配合 ◄◄◄

游自由泳时，正确的呼吸动作是通过上体绕身体纵轴转动和头部侧向转动共同完成的。在两臂各划水一次的过程中呼吸一次，包括吸气、短暂闭气和呼气。转头吸气的时候，头、颈和躯干围绕纵轴一起转动。

技术动作：划手——转头，划哪一只手就在哪一边吸气；手出水——嘴露出水面快速吐气，头随着移臂的动作，开始向水中转动；手入水——头回到原位，稍闭气。划2次手呼吸1次。

（2）腿与臂的配合 ◄◄◄

自由泳两臂划水是身体前进的主要动力，配合时，腿部动作要完全服从手臂动作。根据一个配合动作周期内的打腿次数，初学者适宜采用 6 次打腿配合技术，即在一个配合动作周期内，打腿 6 次、划手 2 次、呼吸 1 次，即 6 ： 2 ： 1 的配合技术。

扫一扫，看"自由泳整体配合"视频！

三、仰泳的技术要点和练习方法

1. 身体姿势

游仰泳时，身体应该平直地仰卧于水面，自然伸展，头和肩部略高于腰和腿部，身体纵轴与水平面构成一个很小的仰角。

头部和髋部的位置关系非常重要。头的位置起着"舵"的作用，在很大程度上决定了整个身体的位置。头部应与身体在一条直线上，水面约位于头顶中部。

　　游仰泳时，身体也应随划水和打水动作绕纵轴自然转动，转动角度为40°~60°。要注意把肩和髋关节作为一个整体来转动，使自己在游进过程中躯干处于侧卧位的时间多于仰卧位。

2. 腿部动作

　　仰泳时的打腿动作很重要，除了可以保持身体的平衡外，还能给身体一定的推进力。快速有力的腿部打水对有效地发挥上臂和躯干的力量也起着重要的作用。

　　仰泳腿部打水由上踢和下压两部分组成。仰泳的腿部技术与自由泳的腿部技术相似，同样做鞭打动作。

（1）下压 ◀◀◀

下压动作的前半段是直腿完成的，膝关节和踝关节应自然放松。伸髋，大腿带动小腿下压。到一定深度后，大腿停止下压，转入上踢过程。此时小腿和脚在惯性的作用下仍继续下压，使膝关节弯曲。之后小腿和脚在大腿的带动下依次结束下压动作。

仰泳时腿下压的水面效果

（2）上踢 ◀◀◀

腿上踢的动作产生推进力。上踢开始时，脚内收，大腿带动小腿和脚，屈腿向上踢水，在踢水的过程中逐渐伸膝。当大腿移到接近水面时转为下压。小腿和脚在惯性作用下加速向上用力踢水，形成鞭打动作。当膝关节完全伸直时，上踢动作结束，此时脚趾应该恰好位于水面或略低于水面的位置。

上踢动作要把握好尺度，需要用较大的力量和较快的速度来完成。打腿过程中，膝关节、小腿和脚都不能踢出水面。

仰泳时腿上踢的水面效果

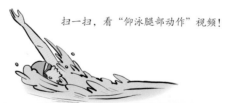

扫一扫，看"仰泳腿部动作"视频！

① 陆上坐撑练习

初学者坐于地上，两手后撑，上体后仰，两腿斜上抬起，做仰泳的上下交替打腿动作。要重点体会脚形、动作幅度及大腿带动小腿打水的用力方式。通过目视两腿动作，观察自己的动作是否符合动作要领。

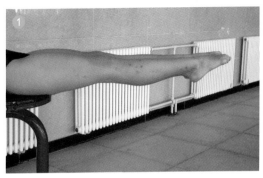
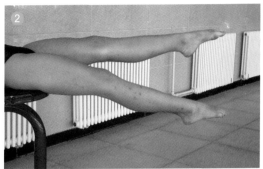

② 池边坐撑打水练习

初学者坐于池边，两手后撑，上体略后仰，两腿放于水中，做上下交替打水的动作。上踢时应将水花踢出水面。

③ 扶池边打腿练习

初学者在泳池中，两手反握池边，身体仰浮于水中，髋关节展开，两腿伸直内旋，做上下交替打腿动作。体会平浮、展髋、屈腿上踢和直腿下压等动作姿势。上踢时水面须踢出水花，但脚和膝不能露出水面。

④ 浮板打腿练习

将浮板置于腹上、头下或手持板前伸，在浮板浮力的帮助下，做抱板、枕板、持板打水练习，注意打水效果。

⑤ 徒手打腿练习

仰卧水中，两臂伸直并拢，头夹于两臂之间，两腿做鞭状打水。练习时，注意两腿配合应协调、连贯，并逐渐延长游距。

⑥ 仰卧滑行练习

两手拉池槽扶于池边或出发台，两脚在接近水面处紧贴着池壁。练习时，轻放两手，上体后倒，脚蹬离池壁。两手置于头前保持仰泳姿势滑行。

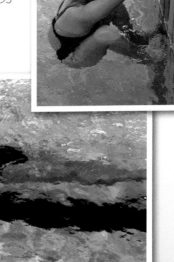

① 头部转动

在划水过程中，头跟着身体转动，引起身体左右晃动，从而增大人在水中的阻力。

纠正方法：练习时，可以用眼睛看着泳池顶端，控制头的位置。

② 坐着游

髋关节和腿部沉在水中，腿打不出水花，身体与水面形成一个较大的仰角。坐着游会使身体遇到水的阻力很大，前进速度慢，而且更消耗体力。

纠正方法：练习时，初学者需要加强仰泳腿打水技术的练习，游泳时，要有意识地将自身重心向上提。

③ 打腿如蹬自行车

本应向上打水的大腿由于提得过高，造成膝关节过于弯曲，结果变成向后蹬水。膝关节循环露出水面，像是在蹬自行车。

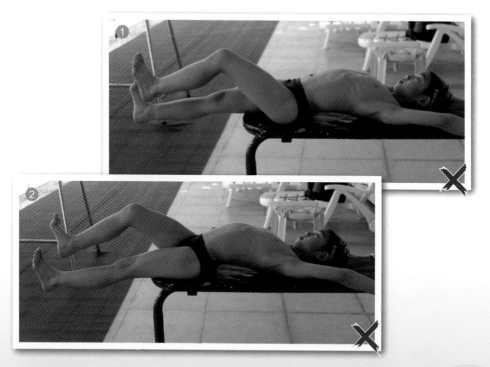

纠正方法：打腿时，大腿一定要有下压的动作，膝关节不能露出水面。

3. 手臂动作与换气动作的配合

仰泳的臂部动作可以分为入水、划水、出水和空中移臂四个部分。

(1) 入水 ◄◄◄

仰泳时手臂的入水动作与身体的转动协调配合。单臂入水时，身体向同侧转动，手位于头前，在同侧肩的延长线上入水。手臂应伸直，肘关节不能弯曲，手指向下，手掌朝外，干净利落地切入水中。手入水时，手掌与前臂形成150°~160°，使手指先于手掌外侧和小臂入水，以减少入水时的阻力。

当手臂完全进入水中后，手继续向下、向外同时运动，使手臂伸展到适宜的长度。这个阶段几乎不产生推进力，主要作用是为后面的划水做好准备。入水结束后，手位于水面下 10~15 厘米。

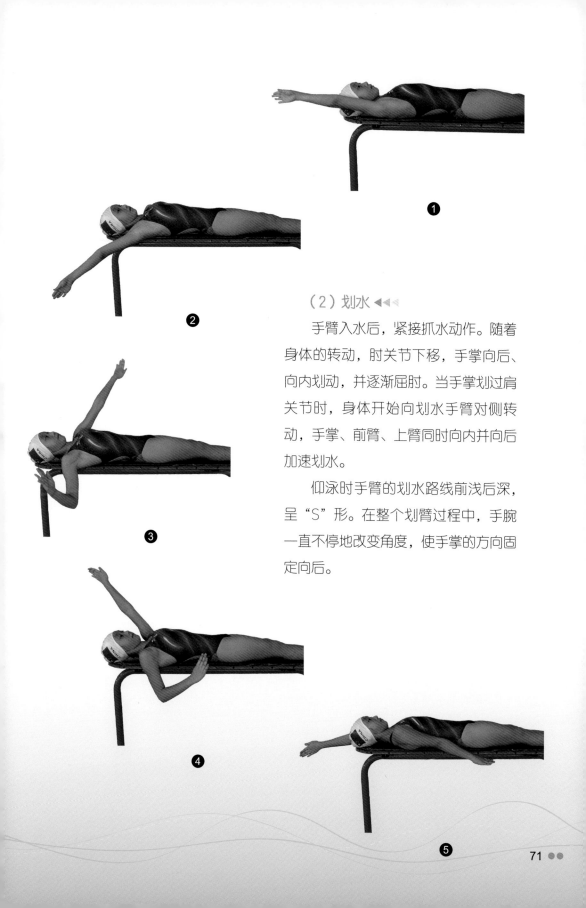

（2）划水 ◀◀◀

手臂入水后，紧接抓水动作。随着身体的转动，肘关节下移，手掌向后、向内划动，并逐渐屈肘。当手掌划过肩关节时，身体开始向划水手臂对侧转动，手掌、前臂、上臂同时向内并向后加速划水。

仰泳时手臂的划水路线前浅后深，呈"S"形。在整个划臂过程中，手腕一直不停地改变角度，使手掌的方向固定向后。

（3）出水 ◀◀◀

划水完成以后，手臂外旋，掌心指向大腿，借助手向下压水的反作用力以及身体的自然转动，手臂迅速提拉出水面。出水时手臂应伸直，压水提肩，使肩部首先出水，然后再带动上臂、前臂和手依次出水。出水前手臂应先外旋，使大拇指领先出水。

初学者也有采用手背领先出水的，这种方式虽然比较容易掌握，但出水时阻力大，会带出较多的水花，在掌握仰泳动作后应尽量避免。

（4）空中移臂 ◀◀◀

手出水后，手臂应迅速以直臂方式向前移动，上臂应贴耳。移臂的前半段，手掌向内，使手臂肌肉尽量得到放松。当手臂移到头上即与水平面垂直时内旋，使掌心向外，为入水做好准备。

仰泳时空中移臂的水面效果

（5）两臂的配合 ◀◀◀

现代优秀仰泳运动员使用后交叉配合的较多，即一臂入水时，另一臂划水结束，两臂基本处于相反的位置，使一臂结束划水动作后，另一臂能立即产生新的推进力。当一臂入水后前伸下滑时，身体的转动使对侧手臂的移臂动作更自然、轻松。

扫一扫，看"仰泳手臂动作"视频！

① 站立模仿练习

做模仿练习时，应先做单臂的分解、连贯动作模仿，再模仿两臂的分解配合动作，最后模仿两臂的连接式配合动作。并腿站立，模仿仰泳划臂动作。

模仿单臂动作时，应使初学者掌握正确的分解动作和完整动作，模仿两臂配合动作时，应使其了解两臂在分解动作中的相对位置，再进行连贯的连接式配合模仿。

② 助力划臂练习

初学者仰卧水中，由同伴抱持双腿或握住双踝，做单臂或双臂划水练习。练习时，同伴应配合练习者的划臂动作帮助其转动身体，使其体会划臂与身体绕纵轴转动的协调配合。

③ 夹板划水练习

将浮板夹于两大腿之间，身体仰卧水中，两臂交替划水。由于此练习是在没有固定支撑的情况下进行的，两臂交替划水不宜过慢。

① 手臂入水过宽或过窄

手臂入水过宽缩短了划水的路线，减弱了划水效果；过窄则容易使身体侧向摆动幅度过大。两种入水方式都会增大身体前进的阻力。

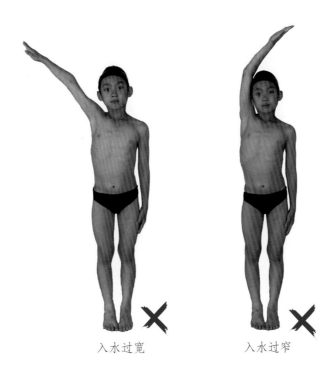

入水过宽　　　　　　　入水过窄

纠正方法：通过岸上的仰泳手臂动作练习，加深对正确入水动作的记忆。水中练习时，在移臂入水的过程中手臂要贴近耳朵。

② 划水不到位，出水过早

手没有在腿部出水，而是在腰部、髋部或者离身体较远的地方出水。

纠正方法：在划水时，可以强化手指碰到大腿再出水的动作练习。

③ 划手腿下沉

做配合动作时，划手一侧的腿下沉。

纠正方法：练习时，初学者要保持打腿的力度，保持平直的身体姿势。

4. 整体动作配合

游仰泳时，口、鼻始终露出水面，呼吸不受水的限制，但为了避免吸气不充分造成动作紊乱，多数运动员采用一臂移臂时吸气，另一臂移臂时呼气的呼吸方式。

现代仰泳较常见的是采用 6 次打腿、2 次划臂、1 次呼吸的配合技术。右手入水和抓水时，右腿上踢；右手上划时，左腿上踢；右手鞭状下划时，右腿第二次上踢；左手划水时重复相应的动作。为协助完成身体的转动动作，每个划水周期中每次打水的动作力度并不完全一样。当身体开始转动时，腿的打水较为有力。

扫一扫，看"仰泳整体配合"视频！

练习方法 ▶ Training Methods

① 单臂划水、打水配合

水中仰卧打腿，一臂持板前伸，另一臂划水，连续几次划水后，两臂交换练习。练习时应积极、不停顿地打水，以保持身体浮在水平位置。

② 双臂划水、打水配合

水中仰卧打腿，双臂轮流划水，两臂的划水动作应做连接式的配合，不要有停顿。练习时可先戴浮球助浮，待基本掌握配合动作后，再徒手进行配合练习。

③ 完整配合

在练习②的基础上，配合有节奏的呼吸。配合时可先做一侧手臂的动作并配合呼吸，掌握后再做配合呼吸的完整动作练习。

四、蝶泳的技术要点和练习方法

1. 身体姿势

游蝶泳时，初学者在同一水平面内，同时进行两臂和两腿的动作。身体各部分做波浪动作上下起伏，没有固定的身体位置。练习时，身体的上下起伏幅度受到臂腿配合的影响。躯干的波浪动作有利于初学者保持较高的身体位置和较好的身体流线型，也有利于臂、腿、呼吸的协调配合。

2. 躯干和腿部动作

游蝶泳时，腿部通过腰部发力，大腿带动小腿做鞭状打水，打水时两腿并拢，双脚稍分开做内旋。

① 两脚向下打水至最低点时，一个向下打水动作结束，膝关节伸直，臀部上提，髋关节屈成约 160° 角。

② 随后两腿伸直向上移动，髋关节展开，臀部下沉。

③ 在小腿和双脚继续向上时，大腿下压，膝关节随下压动作自然弯曲。

④ 随着大腿继续加速向下，屈膝程度增加，脚抬至接近水面，臀部下降至最低点，膝关节屈成 110° ~130° 。

⑤ 随着大腿加速下压，脚和小腿加速向后下方压水。

⑥ 在双脚继续向后下方打水过程中，大腿又开始向上移动，由于大腿的向上移动和脚的加速向下打水，形成了鞭状动作。

当膝关节完全伸直时，向下打水动作结束，接着开始下一个动作。

躯干和腿部动作示意

扫一扫，看"蝶泳腿部动作"视频！

练习方法 ▶ Training Methods

　　两腿自然伸直并拢，脚稍内旋，由腰部发力，带动臀部、大腿、小腿和脚做上下鞭状打水。下打时提臀伸膝，足背向后下方用力打水，上打时挺腹，腿部自然伸直，脚打水幅度为 40~50 厘米。

① 站立模仿练习

　　在岸上，初学者并腿站立，两臂并拢伸直上举，模仿蝶泳的躯干与腿的配合动作。练习时先进行三拍分解练习：挺髋；屈髋、屈膝；提臀、蹬腿、伸直膝关节。掌握分解动作后，再将这三拍动作连贯起来练习。

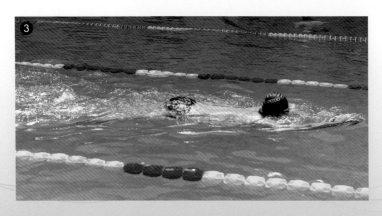

② 滑行打腿练习

蹬壁或蹬池底滑行后，在水下做蝶泳打腿。初学者可先屈腿打水，只要求腰部放松，待基本掌握后再做以腰带腿的全身性波浪动作。

③ 扶板打腿练习

先练习低头闭气打腿，动作熟练后，将头抬起，在水面自然呼吸。要求臂和肩不要上下摆动，腰腹发力，大腿带动小腿打水。

常见错误及纠正方法 ＞ Error action

① 两腿打水时不对称

初学者在学习完自由泳和仰泳后再学习蝶泳，打腿时往往容易产生两腿一上一下交替打水的错误动作。

纠正方法：平时可以通过两腿夹浮板练习双腿打水的动作。

② 小腿打水

初学者往往只是屈膝，躯干和大腿没有做动作，只用小腿上下打水。

纠正方法：练习时，可以手抓浮板或手扶岸边凹槽，从练习打腿动作做起，打腿时注意以腰带腿，掌握动腰打腿的正确动作。

③ 勾脚蹬水

初学者学习完蛙泳后再学习蝶泳，容易产生勾脚蹬水的错误动作，即勾脚或是脚外翻，向后蹬水。

纠正方法：初学者可以通过练习反蝶泳腿（仰卧于水面，打蝶泳腿）观察自己腿部的打水动作，脚背朝上，脚尖朝后。

3. 手臂动作与换气动作的配合

蝶泳手臂的划水动作由入水、划水、出水和空中移臂四个部分组成。

（1）入水 ◄◄◄

正确的入水位置应该在两肩的延长线上，或略宽于肩的延长线。入水应由大拇指先斜插入水，然后前臂和上臂依次入水。入水时掌心朝向外下方，手掌与水平面约成 45°。

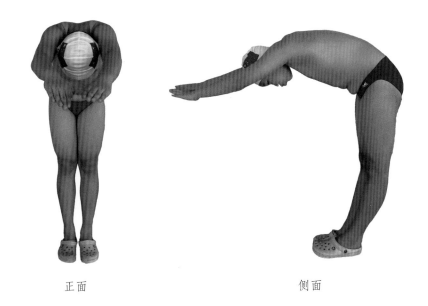

正面 侧面

（2）划水 ◄◄◄

① 外划及抱水

手臂入水后，肩和肘向前伸，两手立即内旋并外分，手掌对准外后方沿螺旋曲线划水。当两手外分至超过肩宽时，屈腕，使手掌由向外、向后划水变为向外、向后下方划水，从而形成抱水动作。

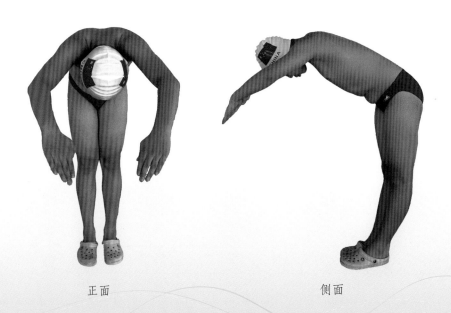

正面 侧面

② 内划及推水

抱水动作完成后，保持高肘姿势，前臂和手加速划水，当两臂划至肩下时，肘关节屈至 90°~100°。手沿胸腹部下方推水并逐渐分开距离。手的运动轨迹由向外、向后下方转为向内、向后上方，内划结束后，手臂向后加速划水至大腿旁。

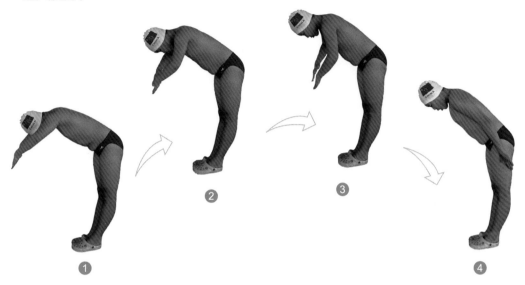

（3）出水 ◄◄◄

双手在腹下，向外划水的同时向后上方加速划水，当手划到大腿两侧时，利用划水的惯性，肘和肩带动手臂提拉出水。

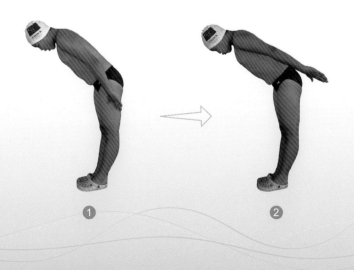

（4）空中移臂 ◀◀◀

手臂出水后，在肩的带动下，迅速从空中前移到头前，准备入水和下一个周期的动作。移臂过程中手臂要放松，大拇指向下，手前伸到接近入水时肘微屈，以便入水后及时抱水。

扫一扫，看"蝶泳手臂动作"视频！

练习方法 ▶ Training Methods

① 陆上臂和腿的配合练习

单腿站立，另一腿后伸、脚尖点地，身体前倾，两臂放于大腿外侧。两臂由后向前移臂时腰部放松，后腿上抬；手臂入水时，后腿做第一次向下打水动作；抱水时，后腿上抬；推水时做第二次打水动作。

② 双手配合练习

按照①步骤练习，臂腿配合时，再加上呼吸与手臂的配合。

③ 多次打腿划臂配合练习

手臂划水 1 次，腿打水 3~4 次。

④ 1：2 配合练习

按照③的方式练习，逐渐减少打腿次数，减少至每一个划臂周期打腿两次，反复进行 1：2 的臂、腿配合。

① 内划时，手掌向内角度不够

手掌向内划水角度不足，像抚摸水流一样向内划水，不能产生推动力。手掌应向内侧弧线划水。

② 呼吸方式错误

呼吸时，上身抬得太高。练习划水时，不要过早地抬头，应该借助第二次打腿，在身体上升时完成换气。

③ 手腿配合不好

手入水后打第一次腿的时候，马上又打了第二次腿，打完腿再划手，打腿和划手配合不起来。初学者可以加快划水速度或是缩短划水路线，手划到腹部下方就向外划，提高手腿配合的连贯性。

4. 整体动作配合

世界优秀蝶泳运动员完整配合动作常采用1次划水、2次打腿、1次换气（1：2：1）的方式。其配合方法为：手臂入水时做第一次打腿动作，手臂推水时做第二次打腿动作并吸气。

　　手臂入水时呼气，划水时开始抬头，推水时吸气，移臂时闭气。两臂对称在肩前入水，向外、向后下方屈臂转腕抱水后，两臂在身体下方成屈臂状态，高肘，向内、向后、向外做"S"形加速划水，至大腿旁提肘出水，经空中前移再入水。

扫一扫，看"蝶泳整体配合"视频！

练习方法 ▶ Training Methods

① 站立划臂练习

　　两脚平行或前后开立，上体前屈，陆上练习蝶泳划臂动作，体会划臂路线、转肩和移臂动作。

② 站立划水、行进划水练习

　　站在浅水中，做蝶泳手臂动作练习。在水中体会蝶泳划水方向、路线及划水对身体的推进作用。先在水池原地站立划水，后随划臂的推进作用边走边划水。等掌握基本手臂动作后，再配合呼吸加以练习。

③ **夹板划臂练习**

两腿夹浮板，做划臂练习。体会无固定支撑时手臂的划水动作和手臂与呼吸的配合。练习时，可先水平漂浮于水中，做闭气划臂动作，然后再加上呼吸配合练习。配合呼吸时可按照"早吸气"，再逐步过渡至"晚吸气"的方法练习。

④ **跳跃划水练习**

两臂前伸并拢，站立于浅水中，身体前倾，屈膝后两脚蹬离池底，身体向前上方跃起，两臂同时向后划水，身体跃出水面时抬头吸气。落下时，两臂迅速摆臂前移，身体前扑，低头入水。在水中滑行时呼气，减速后收腹屈腿，手臂压水，站立。

第四章

出发转身技术

游泳比赛的开始称为出发。《游泳竞赛规则》规定，自由泳、蛙泳、蝶泳的比赛必须从出发台起跳出发，仰泳项目在水中出发。游泳出发技术一般分为出发台出发技术和仰泳出发技术。

一、出发台上的出发技术

出发台出发技术又分为抓台式出发和蹲踞式出发。

1. 抓台式出发

抓台式出发是大多数运动员采用的出发技术。

（1）预备姿势 ◄◄◄

当发出"各就位"的口令后，运动员应做好出发的预备姿势。两脚分开大致与肩同宽，两脚脚趾扣住出发台的前缘，弯腰，躯干贴近大腿，屈膝，肘部微屈，目视出发台下的水面。手抓出发台，集中注意力，做好预备姿势。

（2）起跳 ◀◀◀

出发信号发出后，运动员应立即蹬台。身体前倾，重心前移。拉臂、伸膝。当膝踝关节蹬至适宜角度时，用力蹬台伸膝踝，摆臂展髋，向前跃出。

（3）腾空和入水 ◀◀◀

蹬离出发台后，身体伸展，两脚并拢，两臂前摆至前下方时制动。随后，头稍低，夹于两臂之间，身体保持一定的紧张度，并以流线型姿势开始入水动作。以手、头、肩、臂、腿的顺序依次入水。

（4）滑行和出水 ◄◄◄

　　入水后充分利用起跳所获得的惯性力，身体保持流线型姿势在水中向前滑
行前进。当滑行速度降至正常游泳速度时，即开始游泳动作。

2. 蹲踞式出发

蹲踞式出发是抓台式出发技术的演变。与抓台式出发技术的主要差别是运动员在出发台上的预备姿势和起跳方法不同。

（1）预备姿势 ◀◀◀

双脚前后开立，发力脚置于出发台前部，脚趾扣住出发台前缘，另一脚置于出发台后部，双手抓台。

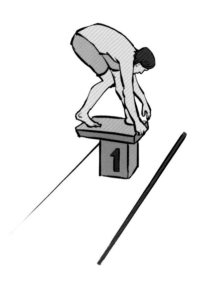

（2）起跳 ◀◀◀

听到出发信号后，双手推台，后脚用力后蹬，当躯干移出台面时，前脚在身体前移时蹬台，并加速蹬台。

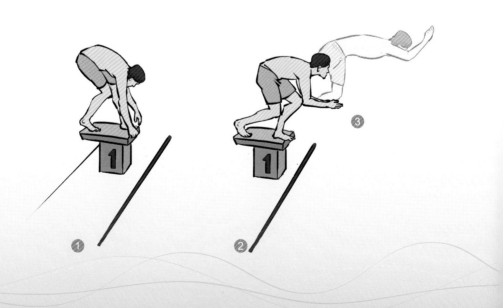

二、仰泳的出发技术

（1）预备姿势 ◀◀◀

运动员面对池壁，双手握住出发台的拉杆，膝盖与肩同宽，两脚均须蹬在池壁上。前脚掌蹬壁，脚趾不应露出水面，此时屈腿，臀部在水中。听到"各就位"的口令时，拉起身体，低头，手臂弯曲，头部靠近出发台，目视前下方，呈蹲姿。

扫一扫，看"蹲踞式出发"视频！

（2）蹬壁和腾空 ◄◄◄

听到出发信号后，头部应快速向上、微向后抬，同时双手向前下压握手器，在身体向后上方蹬出的同时松手，双臂尽快向头上方前摆，用力蹬腿，一气呵成地完成蹬壁动作。

腾空时，身体应保持反弓形，按弧线前进。此时应双臂前伸，头部后仰，双臂夹紧头部，双腿并拢伸直。

（3）入水滑行和起游技术 ◄◄◄

　　入水时双手应并拢伸直，身体保持流线型姿势，手指领先入水。入水后，身体要保持较好的流线型姿势向前滑行。当滑行速度稍慢时开始蝶泳腿打水，以便身体浮出水面，开始仰泳动作。

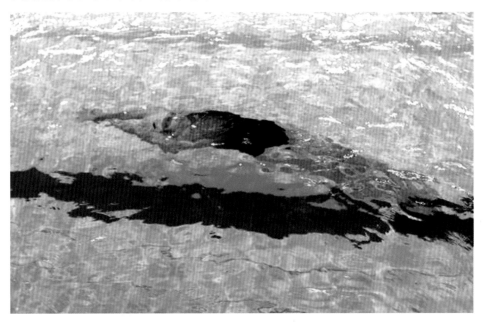

三、前滚翻转身技术

　　① 游近池壁时不减速。

　　② 在最后一次划手加速结束时，先低头、后团身（屈髋、屈膝，如同人在陆地上练习前滚翻动作一样），使身体绕着身体横轴转动 180° 时，再绕身体纵轴转动 90° 成侧身，双脚蹬池壁，双臂伸直夹住头部。

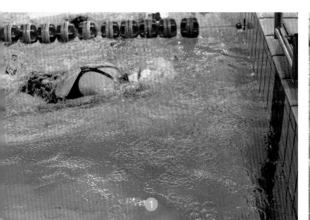

③ 双脚用力蹬离池壁滑行，当速度减慢至正常游速时快速打腿，使身体上浮至水面。当头部接近露出水面时，开始划手。

第五章

实用游泳

古时候，人们为了生存而在水中进行的各种活动（如模仿动物的动作），称为原始实用游泳。现在人们通常所说的实用游泳，是指在日常锻炼、水上作业、水上救护以及军事活动中具有实用价值的非竞技性游泳，包括踩水、反蛙泳等。

一、踩水的技术要点和练习方法

踩水是初学者在深水区进行游泳练习时，必须掌握的一种技术，是一项很有实用价值的游泳技术。

踩水的动作很像直立的蛙泳，也叫蛙式踩水或立泳。踩水时，主要是靠臂、腿的动作产生上升力，使身体漂浮在水中。踩水时，一般为两腿同时踩水或两腿交替踩水，初学者更适合做两腿同时踩水的动作。

1. 身体姿势

身体稍向前倾斜，直立漂浮于水中，头部始终在水面上，下颌靠近水面，稍屈髋、屈膝，类似坐在板凳上的动作，两臂胸前平屈，掌心向下。

2. 腿部动作

踩水时，双腿的蹬压动作是产生上升力的主要因素。蹬压时，双腿始终成弯曲状态，没有明显的并拢伸直。先屈膝收腿，然后小腿和脚向外翻，小腿和脚的内侧向下做弧形蹬夹水动作。当两腿未完全蹬直时，立即收腿做第二次踩水动作，周而复始，动作连贯。两腿同时收翻蹬夹的动作比较简单，容易掌握，但身体上下起伏的幅度相对较大。

3. 手臂动作

踩水时，两臂微屈于胸前，两手在胸前同时做向外、向内的弧形拨水动作，手掌要有压水的感觉，手臂动作不宜过大。

4. 整体动作配合

踩水时，头部始终露出水面，自然呼吸。

腿和臂的配合动作要协调、连贯，一般是两腿同时蹬夹一次，双手做一次拨压水的动作。双腿同时踩水时，两腿蹬夹水配合吸气，两臂向外拨压水；收腿时呼气，两臂向内拨压水。

练习方法 ▶ Training Methods

① 坐池边模仿踩水练习

坐在池边，手后撑，脚浸入水中，模仿踩水的腿部动作，注意体会小腿和脚的内侧面向下蹬夹水的感觉。

② 陆地站立划水练习

身体站立，两腿与肩同宽，两手略屈于胸前做向外、向内弧形拨水动作。

③ 扶池边单腿踩水练习

在齐胸深处侧对池壁站立，一手扶池边，提一侧腿，做踩水的"收腿、翻脚、蹬夹"动作。要求以小腿和脚的内侧面蹬夹水，动作连贯，周而复始地进行。

单腿踩水的练习也可以在陆上进行。

①

②

④ 池边划水练习

站立于齐胸深的水中，两臂平屈于胸前，做有节奏的向外、向内弧形拨水动作。

⑤ **扶池边踩水练习**

A. 在深水区，面对池壁，双手扶池边，上体略前倾，双腿同时或交替做向下弧形蹬夹，屈膝收腿、翻脚的连贯动作。

B. 在深水区，面对池壁，一手扶池边，一手做向外、向内拨水动作，双腿同时或交替做向下弧形蹬夹，屈膝收腿、翻脚的连贯动作。

⑥ **扶板踩水练习**

A. 在深水区，双手扶板，双腿做踩水动作。

B. 在深水区，一手扶浮板一手划水，双腿做踩水动作。

⑦ **持续踩水练习**

在深水区持续踩水，动作尽量放松。在动作熟练的基础上，逐渐放弃浮板，靠手和腿的动作维持身体漂浮，并连续踩水向前或向侧方游进。

二、反蛙泳的技术要点和练习方法

长时间、长距离游泳时，反蛙泳可用作休息和调整体力的游泳方式，学习反蛙泳腿部技术也可作为纠正蛙泳腿部动作的一种手段。该泳姿很有实用价值，在水中拖运物品和救护溺水者时常采用这种技术。

游反蛙泳时，身体仰卧在水中，面部露出水面，眼看后上方。两腿同时向后蹬夹水，两臂同时经空中移臂入水，在体侧向后划水。反蛙泳呼吸自然、动作省力，容易学习和掌握。

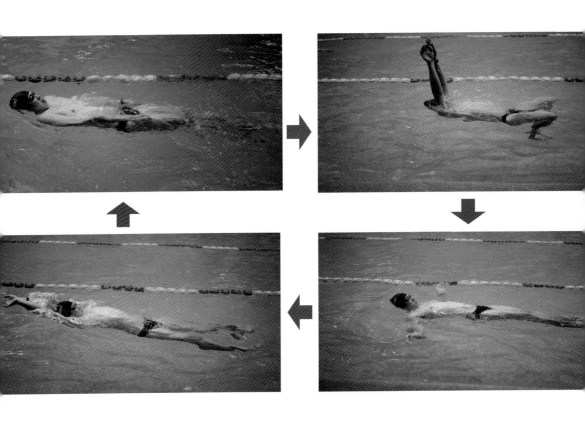

1. 身体姿势

身体仰卧在水中自然伸直，脸露出水面，下颌微收，眼看后上方，后脑勺浸入水中。

2. 腿部动作

反蛙泳身体处于仰卧状态。收腿时，小腿向侧下方边收边分开，大腿微收，膝关节分开，比髋稍宽，膝关节不要露出水面。小腿和脚的内侧对准后方做弧形蹬夹水，紧接着两腿并拢伸直，滑行。

3. 手臂动作

两臂动作从贴于体侧的滑行姿势开始。首先拇指领先，两臂自然伸直，沿着体侧经空中向前移臂，小指领先入水，然后先屈腕，再屈肘，使掌心和前臂向后对准水划水，最后向大腿两侧推水。划水结束后，两臂在体侧稍停，滑行。

4. 整体动作配合

游反蛙泳时，脸部始终在水面上，因而呼吸不受水的限制，但也要与臂、腿动作协调一致。一般是空中移臂时吸气，臂入水后用口、鼻均匀地呼气。

这种泳姿是臂腿同时配合的，即划臂、蹬腿、移臂和收腿同时进行，这种配合手、脚动力不能衔接，前进速度不均匀，但动作简单易学，初学者可以用它来作为学习竞技游泳的过渡。

练习方法 ▶ Training Methods

① 陆上站立划臂练习
原地站立，模仿反蛙泳两臂划水的动作。

② 陆上坐撑蹬腿练习
坐在地面上，上体稍后仰，两臂后撑，两腿并拢伸直，模仿反蛙泳腿的收、翻、蹬夹、停的动作。

③ 池边坐撑蹬腿练习
坐在池边，上体稍后仰，两臂后撑，两脚浸入水中，模仿反蛙泳腿的收、翻、蹬夹、停的动作。

④ 仰卧池边反蛙泳配合练习

身体水平俯卧在池边，大腿以下放在水中，两腿做收、翻、蹬夹、停的动作，两手做划手练习。

⑤ 水中反抓槽蹬腿练习

仰卧于水中，反手抓住池边水槽，做反蛙泳腿的动作。身体尽量展平，髋关节不宜过于弯曲，两膝不要露出水面。

⑥ 扶板蹬腿练习

A. 仰卧水中，双手抱打水板，板子尽量放在大腿与腹部之间，手放在腰部、肘贴近身体，挺腹，肚子贴在浮板上。

B. 头枕浮板，两手抓住浮板两侧，做反蛙泳腿的动作。

⑦ 双手放体侧蹬腿练习

仰卧蹬壁滑行后，两臂贴于体侧，做反蛙泳腿的动作向前游进，体会连贯的腿部动作。

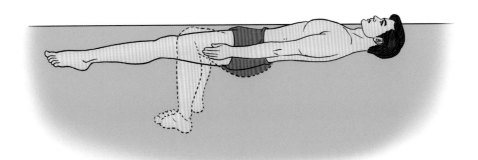

⑧ 反蛙泳分解练习

仰卧蹬壁滑行后，两臂位于体侧，先做三次蹬腿后，再做一次划水动作，之后逐渐减少蹬腿次数。

⑨ 整体动作配合

做反蛙泳臂、腿配合的动作向前游进，逐渐加上有节奏的呼吸，形成完整配合动作。

第六章

游泳运动的
知识扩展

一、游泳装备的选择

1. 泳衣、泳裤的选择与使用

目前市场上的游泳衣主要为氨纶泳衣。氨纶学名是锦氨纶或涤氨纶，也就是由锦纶丝或涤纶丝与氨纶丝交织而成。氨纶丝我国现在需要进口，锦纶丝、涤纶丝完全是国产的。氨纶泳衣的优点是颜色鲜艳，穿着贴身舒适，沥水快，好洗，好干，特别是阻力很小，能提高比赛成绩。

（1）如何选择女式泳衣 ◀◀◀

对于爱美的女性来说，选择一件适合自己体形、个性的泳衣，是非常重要的。下面所提建议仅供参考。

① 连体泳衣

连体泳衣是最保险、最古典的泳装打扮，对于害羞的女士来说是个极佳的选择。

② 平角式泳衣

对于不愿意表现自己的女士来说，平角泳衣更为保守一点，但它的缺点是会让腿显得很短，所以要慎重选择。平角泳衣也适合大腿较细的人穿。

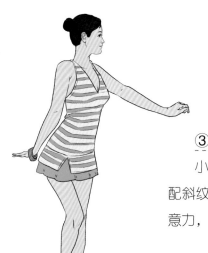

③ 高腰式泳衣

小腹微突的女士，宜选择高腰式泳衣，最好搭配斜纹，可以借此达到提腰效果，也可借此转移注意力，达到修饰的效果。

④ 裙摆式泳衣

对于臀部扁平的女士来说，选择裙摆式泳衣是非常合适的，既可以从视觉上美化臀部线条，又可以表现出腿部的优美。

⑤ 分体式泳衣

适合时髦女士，身材好的女士尽可以选择。

⑥ 比基尼泳衣

人们一直都以为比基尼是好身材女性的专利，其实即使没有较好的身材，只要选择适宜的比基尼泳衣，也能巧妙地掩饰身材方面的缺点，让女性展现迷人的魅力。

（2）如何选择男式泳衣 ◀◀◀

男士的身材如果保持得比较好，在游泳时可选择较为紧身，裤边靠近腰部或颜色鲜艳、有大块图案的专业泳裤；成熟稳重的男士，可选择小图案或暗色的平角式泳裤。不过，在选择泳裤时在以下方面可以多加注意。①注意泳裤颜色的选择。②泳裤尺码不宜过小，勒得过紧，容易造成身体不适。

（3）泳衣的保养 ◀◀◀

为了防止疾病的发生，游泳池中往往会加入少量含氯的消毒药剂。我们常说的泳衣塌丝，就是泳衣里的氨纶丝被含氯的水腐蚀坏了。因为氨纶丝最怕氯的腐蚀，所以氨纶泳衣在这样的水中使用，必然会缩短它的使用寿命。

很多人会把游泳衣当作普通的衣服来洗，每次游完就把泳衣丢在洗衣机里洗，所以泳衣特别容易损坏。注意以下几个方面，可以适当延长泳衣的使用寿命。

① 淋湿泳衣：下水游泳前用清水把泳衣淋湿，可避免直接受池中氯的伤害。

② 立即清洗：回家之后立即清洗泳衣，用清水（也可加点洗洁精）即可。清洗时用手轻轻搓洗，千万不要用洗衣机，也不要用洗衣粉、漂白剂、消毒剂或热水来洗。

还有一种最方便的消毒方法，您可以使用紫外线治疗仪，使用它给衣物进行消毒，可以立刻杀灭各种细菌、真菌。

③ 防止曝晒：泳衣在阳光下曝晒会影响其颜色和弹性，因此泳衣洗后要晾在阴凉通风处，让其自然风干，不要使用烘干机或吹风机吹干，否则泳衣容易变形。

2. 泳帽、泳镜的选择与使用

（1）泳帽 ◄◄◄

对泳帽的选择最主要的是看其制作成分。一般来讲，泳帽主要由高级硅胶制成，手感较为柔软，伸长力强，且非常耐用。

（2）泳镜 ◄◄◄

泳镜已成为游泳的必需品。现在市场上销售的一些进口名牌的泳镜质量都很好，且价格适中，适用于一般的游泳爱好者。

在挑选时只需注意眼镜的防水性、清晰度、防雾性能及胶带固定的松紧程度是否适合于眼睛就可以了。而对于初学者来讲，选择一款价格较便宜并适合于自己的泳镜的标准主要是：在游泳出发时、过程中，泳镜不脱落、不漏水，佩戴舒适。

3. 游泳训练器材的选择与使用

（1）游泳浮板 ◄◄◄

浮板拿在手中，可使上身保持平衡，主要用于练习腿部动作，是很好的学习游泳的辅助训练器材。

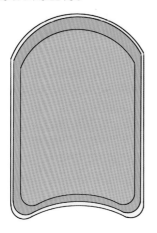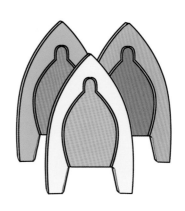

（2）游泳划水手蹼 ◀◀◀

主要用于技术训练中的水阻力训练。由耐用材料制成的手蹼可以保护关节，降低水压对关节的影响。

（3）划水掌 ◀◀◀

主要练习手臂力量，让划水更有力，用于进阶者的练习。

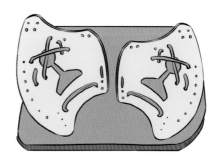

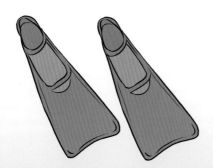

（4）脚蹼 ◀◀◀

使用脚蹼可以增加脚部的推进力，同时可以更好地体会腿部用力，从而改进动作。

二、游泳运动与营养膳食的搭配

合理营养是运动员保持身体健康和提高运动成绩的保证。由于游泳是在特殊的环境下运动，需要克服水的阻力和水温的影响，体力的消耗比一般运动项目大。短距离项目运动员要在膳食时补充较多的蛋白质、磷和较易吸收的碳水化合物以满足肌肉和神经系统代谢的需要。中长距离项目由于运动时间长，因此运动员对各种营养素的需求量大，主要可补充蛋白质、铁、维生素 C 和维生素 B_2。

普通爱好者在补充营养和调节机能时，可以把运动饮料作为补充营养的一种重要手段，但要注意根据练习的不同阶段来选择。

三、游泳运动的安全知识

1. 注意个人卫生和身体健康

遵守卫生守则，以保持池水清洁，游泳者下水前必须排除大小便、清除鼻涕及口痰、淋浴、洗脚。在游泳时需要清鼻涕和吐痰时，应对准溢水槽或排水沟，如无设备，应上岸处理干净后再下水，严禁往池里便溺，游泳者应穿专用的游泳衣裤。

① 饱食和饥饿时不宜游泳，游泳一般可在饭后 1 小时后进行。

② 剧烈运动后不宜马上游泳，在剧烈活动后或强体力劳动后，应适当休息一会儿，待体力恢复正常后再游泳。

2. 做好准备活动

游泳前做好准备活动，有利于身体更好地适应游泳活动的需要，对预防肌肉痉挛（抽筋）和肌肉拉伤都有积极的作用。

准备活动的内容和运动量可视具体情况有所不同。准备活动一般可以做操、跑步、模仿游泳动作及做各种拉伸肌肉和关节韧带的练习。下水前先用冷水冲淋一下，使身体在下水前适应冷水刺激，以避免由于突然下水而出现意外情况。

3. 掌握游泳的时间

游泳时间的长短应根据身体情况、水温、游泳的水平等来确定，一般每次游1~2小时较为适宜。游泳时间太长，消耗热量过多；游泳时间太短，则达不到应有的锻炼效果。此外，还应考虑游泳的总时间、强度、密度等情况。

四、突发事件处理

（1）抽筋 ◀◀◀

抽筋是指局部肌肉发生强直性收缩的现象。如在下水前没有充分做好准备活动；水温过低，身体受到寒冷刺激；身体过度劳累，出汗过多；精神过度紧张，动作僵硬不协调；用力过猛；过多重复一种姿势或局部活动时间过长及运动量过大等。以上都可能引发抽筋现象。

发生抽筋时千万不要惊慌，可采用以下方法进行自我救护：若当时离岸或陆地较近则应立即上岸；若离得较远不能立即上岸，则应首先解除肌肉抽筋状态，使之恢复正常，然后以最省力的技术动作游回岸边。但要注意：发生过抽筋的肢体动作不能紧张用力，要尽量放松，利用没有抽筋的肢体以最省力的动作游回岸边以免再度发生抽筋。

解除抽筋的原则是"反方向牵引法"，即把抽筋部位的肌肉向相反的方向拉长和松弛。下面介绍几种常见的抽筋自救方法。

① 手指抽筋

将手指握成拳，然后用力张开，这样连续伸屈，多做几次就可使抽筋现象解除。

② 手掌抽筋

用另一手掌将抽筋的手掌用力向下压，并做震颤动作，直至抽筋消除为止。

③ 小腿或脚趾、脚掌抽筋

先深吸一口气仰浮于水中，用抽筋腿对侧的手抓住抽筋腿的脚趾，并用力往身体方向拉。同时另一手掌压在抽筋腿的膝盖上，帮助小腿伸直，直至抽筋消除。

④ 大腿前部肌肉抽筋

如能到岸上，可俯卧于池边，屈小腿，用手抓住抽筋一侧腿的脚趾往身体方向拉，使大腿前部肌肉得到伸展；如采用站立的姿势，也可采用同样的方法牵拉。如远离池边，无法到达岸上，先深吸一口气憋住，仰卧于水面用相同的方法牵拉大腿肌肉，待缓解后继续进行按摩、牵拉并休息。

（2）头晕 ◀◀◀

在进行激烈的游泳运动时，大量血液供应给运动器官。突然停止运动后，由于从卧姿突然改为站立，血液受重力作用不能及时流回心脏，回心血量减少，造成脑部血液短时供应不足，产生头晕现象。

另外，人体在水中活动时间过长，散热过多，体能消耗较大，造成体温下降过多，有时也会引起血糖下降从而导致头晕。以上现象属于正常的生理反应，只要注意减小运动强度，适当调整运动时间就可以防止头晕现象的发生。

如果头晕越来越严重，应立即上岸。注意保暖和将头部放低休息，这样能较快地恢复。

（3）呛水 ◀◀◀

呛水是由于水从鼻腔或口腔吸入呼吸道而引起的。初学者往往因还未掌握正确的呼吸方法，或因波浪来临时未掌握好呼吸时机而导致呛水。

发生呛水时不要慌乱，如在浅水中应立即站起；如在深水中则可用踩水技术保持头部露出水面，沉着冷静地把水从鼻或口中咳出，随即调整好呼吸，就可以迅速恢复正常呼吸。

（4）耳朵进水 ◀◀◀

游泳时耳朵进水是一种常见现象。耳朵内若进了水，可在岸上空跳除去耳中的水。方法是把头偏向进水耳朵一侧，同侧的脚连续阵跳，使水从耳内流出来；也可以使用吸引的方法，将头偏向进水耳朵一侧，用手掌紧压耳郭，屏住呼吸，然后突然迅速提起手掌，反复几次后，就可将水吸出来。

若上述方法仍然不奏效，可用消毒棉签或柔软的吸水纸轻轻伸进耳孔将水吸出，切勿用手指、火柴棍、发夹或锐利的物品乱挖。

（5）皮肤过敏 ◀◀◀

在刚下水的时候，身体突然受到冷水的刺激，体表血管收缩，血液循环减弱，因而皮肤变得苍白或起鸡皮疙瘩，感觉寒冷。这是一种正常的生理反应。但是有些人经过适应后又出现第二次寒冷的感觉，皮肤变得苍白或起鸡皮疙瘩，嘴唇变得青紫，甚至浑身打战。这时应立即上岸，擦干身上的水，然后摩擦皮肤。同时做一些活动，喝一些热的饮料，使身体暖和起来。

另有一些人下水后由于冷水的刺激，出水后被风吹，会引起皮肤的过敏反应。轻度过敏反应表现为全身皮肤发红、发痒、起疙瘩。严重者则会出现头晕眼花，心跳过急、恶心呕吐等现象。这时应立刻上岸，迅速擦干身体，穿好衣服注意保暖，喝点热开水，使身体尽快暖和发热，过敏症状一般会自然消失，如果病情不减，则需要去医院进行治疗。

游泳运动的常用规则和裁判方法简介

一、蝶泳

1．从出发和每次转身后的第一次手臂动作开始，身体应保持俯卧姿势，允许水下侧打腿。任何时候都不允许转成仰卧姿势。

2．两臂必须在水面上同时向前摆动，并同时在水下向后划水。

3．所有腿部的上下打水动作必须同时进行。两腿或两脚可不在同一水平面上，但不允许有交替动作，不允许蹬蛙泳腿。

4．在每次转身和到达终点时，两手应在水面、水上或水下同时触壁。

5．在出发和每次转身后，允许运动员在水下做一次或多次打水动作和一次划水动作，这次划水动作必须使身体升到水面。在整个游程中，运动员身体的一部分必须露出水面。允许在出发和每次转身后潜泳，距离不得超过15米，在15米前运动员的头必须露出水面。运动员必须使身体保持在水面上，直至下次转身或到达终点。

二、仰泳

1．在出发信号发出前，运动员面对出发端，两手抓住握手器，两脚（包括脚趾）应处于水面下。

2．出发和转身后，运动员应蹬离池壁，除在做转身动作外，运动员在整个游进过程中应始终呈仰卧姿势。仰卧姿势允许身体做运动，但必须保持与水平面小于90°的仰卧姿势。头部位置不受此限。

3．在整个游进过程中，运动员身体的某一部分必须露出水面。在转身过程中，允许运动员完全潜入水中。但在出发和每次转身后，运动员潜泳距离不得超过15米，在15米前运动员的头必须露出水面。

4．在转身过程中，当运动员肩的转动超过垂直面后，可进行一次单臂划水或双臂同时划水动作，并在该动作结束前开始滚翻。一旦改变仰卧姿势，就必须做连续转身动作，任何打水或划水动作都必须是连续转身动作的一部分，运动员必须呈仰卧姿势蹬离池壁。转身时运动员身体的某部分必须触壁。

5．运动员在到达终点时，必须以仰卧姿势触壁。触壁时允许身体潜入水中。

三、蛙泳

1．出发和每次转身后，从第一次手臂动作开始，身体应保持俯卧姿势，任何时候不允许呈仰卧姿势。

2．两臂和两腿的所有动作都应同时并在同一水平面内进行，不得有交替动作。

3．两手应同时在水面、水下或水上由胸前伸出，并在水面或水下向后划水。除转身前最后一个动作、转身过程中和终点触壁前的最后一个动作外，在手臂的完整动作中，两肘不得露出水面。除出发和每次转身后的第一次划水动作外，两手向后划水不得超过臀线。

4．在蹬腿过程中，两脚必须做外翻动作，不允许做剪夹、上下交替打水或向下的海豚式打水动作。只要不做向下的海豚式打腿动作，允许两脚露出水面。

5．在每次转身和到达终点时，两手应在水面、水上或水下同时触壁，触壁前的最后一次划水动作结束后，头可以潜入水中，但在触壁前的一个完整或不完整的配合动作中，头的某一部分应露出水面。

6．在每个以一次划臂和一次蹬腿顺序完成的完整动作周期内，运动员头的某一部分应露出水面。只有在出发和每次转身后，运动员可在全身没入水中时，做一次手臂充分的向后划至腿部的动作和一次蹬腿动作，但在第二次划臂至最宽点并在两手向内划水前，头必须露出水面。

四、自由泳

1．自由泳比赛中可采用任何泳姿。但在个人混合泳及混合泳接力赛中，自由泳是指除蝶、仰、蛙以外的泳式。

2．转身和到达终点时，可用身体任何部分触壁。

3．在整个游程中，运动员身体的一部分必须露出水面，在转身过程中允许运动员完全潜入水中，但在出发和每次转身后潜泳距离不得超过15米，在15米前运动员的头必须露出水面。

五、混合泳

1．个人混合泳须按照下列顺序进行比赛：(1)蝶泳；(2)仰泳；(3)蛙泳；(4)自由泳。

2．混合泳接力须按照下列顺序进行比赛：(1)仰泳；(2)蛙泳；(3)蝶泳；(4)自由泳。

3．在个人混合泳和混合泳接力项目的比赛中，每一泳式都必须符合竞赛规则的有关规定，在仰泳转身过程中，运动员必须呈仰泳姿势触及池壁。

全国游泳锻炼等级标准

年龄段	项目 \ 时间 \ 等级	一级 金海豚	二级 银海豚	三级 粉海豚	四级 绿海豚	五级 蓝海豚
小学生 （6~ 12岁）	50米自由泳	1'30"	1'50"	2'10"	不限泳姿 连续游 50米	不限泳姿 连续游 25米
	50米蛙泳	1'40"	2'00"	2'20"		
	50米仰泳	1'40"	2'00"	2'20"		
	50米蝶泳	1'35"				
中学生 （13~ 18岁）	50米自由泳	1'05"	1'15"	1'30"	不限泳姿 连续游 100米	不限泳姿 连续游 50米
	50米蛙泳	1'20"	1'30"	1'40"		
	50米仰泳	1'20"	1'30"	1'40"		
	50米蝶泳	1'18"				
	200米混合泳	4'40"				
成人女子	50米自由泳	55"	1'05"	1'20"	1'30"	不限泳姿 在2'30" 内连续游 完50米
	100米自由泳	2'15"	2'25"	2'55"	3'20"	
	50米蛙泳	1'10"	1'20"	1'30"	1'40"	
	100米蛙泳	2'30"	2'50"	3'20"	3'40"	
	50米仰泳	1'10"	1'20"	1'30"	1'40"	
	100米仰泳	2'30"	2'48"	3'15"	3'35"	
	50米蝶泳	1'08"				
	100米蝶泳	2'25"				
	200米个人混合泳	4'35"				
成人男子	50米自由泳	40"	55"	1'05"	1'20"	不限泳姿 在2'10" 内连续游 完50米
	100米自由泳	1'40"	1'58"	2'20"	2'50"	
	50米蛙泳	50"	58"	1'10"	1'30"	
	100米蛙泳	1'50"	2'05"	2'26"	2'58"	
	50米仰泳	50"	58"	1'10"	1'30"	
	100米仰泳	1'50"	2'02"	2'25"	2'55"	
	50米蝶泳	50"				
	100米蝶泳	1'50"				
	200米个人混合泳	4'20"				